AF410933

ORDONNANCE

& Placcart des Archiducqz noʒ Princes fouuerains contenant les efpeces de
monnoyes d'or & d'argent,que doref-
enauant pourront feullement auoir
cours es pays de leur obeyf-
fance.

Jn dermer de Mars 1617

E N   A N V E R S,

Chez Hierofme Verduffen , imprimeur
de la monnoye de leurs Altezes Serenifsimes ,noʒ fouuerains Princes.   *Auec Grace & Priuilege.*

ALBERT & ISABELLA Clara Eugenia Infant d'Efpaigne par la grace de Dieu Archiducqz d'Auſtrice, Ducqz de Bourgoingne, &c, A tous ceux qui ces prefentes verront, falut. Receu auons l'humble fupplication de noſtre Cher & bien aimé Ierofme Verduſſen contenante, qu'il nous auroit pleu le dernier de Iuing de l'an mil fix cent & fept, luy accorder noz lettres patentes de Priuilege, foubsfignees par le *Comte*, & au Confeil de Brabant par *Bufchere*, àla feclufion de tous aultres, A fin de pouuoir Imprimer toutes les affaires concernans noz monnoyes, auec deffence & Inhibition, à tous aultres Imprimeurs de ne les pouuoir contrefaire: & que non obſtant icelles, aucuns Imprimeurs fe font aduancez de contrefaire lefdictes Eualuations & liures, dont fe trouuant le fuppliant fouuent contrainct de pour ce foultenir diuers proces, (caufe pour eſtre conuenablement remedié) s'eſt aduifé de prendre fon recours vers nous. SCAVOIR FAISONS doncques que nous les chofes fufdictes confiderees, inclinans fauorablement à la requeſte & fupplication dudict Ierofme Verduſſen fuppliant, luy auons octroyé & confenti, octroyons & confentons, en luy donnant congé & licence de grace efpeciale par ces prefentes, qu'il puiſt & pourra feul, & à l'exclufion de tous aultres Imprimeurs, vendre & diſtribuer par tous noz pays de pardeça toutes noz caufes & affaires concernans noz monnoyes, fi comme eualuations, permiſſions, Placcartz, tollerations, liures ou liuretz, & chartes de noz deniers d'or & d'argent, aulſi bien eualuez que non enaluez, auec leur poix, pris & valeur. Si auons Interdict & defendu, interdifons & defendons bien expreſſement, & à certes, à tous aultres Imprimeurs, tailleurs graueurs, & libraires de quelque qualité ou condition qu'ilz foyent ou pourroyét eſtre, iceux liures ou liuretz, permiſſions, Placcarts, & tollerations, enfemble, tout ce que peult aulſi toucher le faict defdictes monnoyes en tout ou en partie, d'enfuyure, contrefaire, ou imprimer, ou en quelque lieu eſtans enfuiuiz, contrefaictz ou imprimez, de vendre, faire, ou laiſſer ven treiceux en noz pays de pardeça, ny lefdictes Eualuations & fpecifications de nofdictes monnoyes, ayans prefentement cours, ou qu'ilz pourront auoir, foit à plus hault, ou plus bas pris d'Imprimer ou inferer aux Almanacqz, ny aulſi les Almanacqz eſtans ailleurs Imprimez contenans ladicte fpecification ou cours de l'argent, de faire, ou laiſſer vendre iceux en nofditz pays de pardeça fans le confentement dudict fuppliant, foit en vertu de quelque priuilege, ou confentement particulier qu'ilz ont, ou pourroient auoir des Gouuerneurs, noz Confaulx prouinciaulx, Magiſtratz ou d'aultres quelz qu'ilz foyent, à paine de confifcation & perte defdictz exemplaires, & pardeſſus ce, de trois florins Carolus d'amende pour chacun exemplaire qu'ainfi fera eſté imprimé ou vendu, Applicable vn tiers à noſtre prouffict, vn tiers à l'Officier, & l'aultre tiers au prouffit dudict fuppliant. Si donnens en mandementá noz Trefchiers & feaulx les Chief Prefident & Gens de noz Priué & grand Confaulx, Prefidens & Gens de noz Confaulx Prouinciaux à Luxemborch, Flandres, Arthois & Namur, Grand Bailly de Haynnau, & gens de noſtre Confeil à Mons, Gouuerneur de Lille, Douay & Orchies, Bailly de Tournay & Tournefis, Preuoſt le Comte à Valenciennes. Efcoute de Malines & tous aultres noz Iuſticiers, Officiers & fubiectz qu'il apartiendra. Que de ceſte noſtre prefente grace permiſſion & accord, & de tout le contenu en ceſtes, ilz facent, fouffrent, & laiſſent ledict fuppliant plainement ioüir, & vfer fans luy faire, meſtre ou donner, n'y fouffrit eſtre faict, mis ou donné aucun obſtacle, deſtourbier ou empefchement au contraire: Car ainfi nous plaiſt il. En tefmoing de ce, nous auons faict meſtre noſtre feel à ces prefentes donné en noſtre ville de Bruxelles le deuxiefme d'Octobre l'An de grace, M. DC. X.

Par les Archiducqz en leur Confeil.

Enghien.

Les Archiducqz.

ANoz Amez & feaulx les Gouuerneur Preſident & gens de noſtre Conſeil Prouincial d'Artois ſalut & dilection, Combien que nous euſſons eſperé que par noz placcartz publiez ſur le fait de noz monnoyes & ce qu'en depend, tant en l'an mil ſix cens & onze que aultres ſubſequens, fuſt eſté ſuffiſamment pourucu & remedié au ſurhaulſſement deſdictes monnoyes & aux abuz qui ſe commettent en la miſe & reception d'icelles: Et finallement que par la diligence des officiers & magiſtratz de noz bônes villes le pris deſdictes monnoyes fuſt eſté obſerué & gardé punctuellement, & les tranſgreſſeurs de noſdicts placcartz & ordônances punyz par les peines, mulctes & amendes y appoſées, Toutesfois nous trouuons (à noſtre deſplaiſir) que noſtre bonne volonté & intention en ce que deſſus n'eſt enſuyuie, au contraire que diuerſes eſpeces feſchillent de iour à aultre à plus hault pris qu'elles ne ſont miſes & tollerées par noſdictes ordonnances, Signamment quelzques pieces eſtrangieres d'or & d'argent, leſquelles nous (procedans

A ij

de

de bonne foy)auiõs mis à pris & tolleré parmy celles de
noz coingz.C'eſt pourquoy deſirans y pourueoir, nous
auons par aduis de noz trechiers & feaulx les gens de
noz conſeilz d'eſtat priué & des finances, ſtatué & or-
donné , ſtatuons & ordonnons par ces preſentes
que doreſenauant n'auront cours & ne pourront eſtre
miſes ny recues es pays, bonnes villes, & aultres lieux de
noſtre obeyſſance aulcunes aultres eſpeces de monnoye
d'or ou d'argent que celles cy apres ſpecifiées, au pris &
poidz qui ſenſuyt:Aſſcauoir,

PRemierement le double Souuerain d'or à noz coingz, au poidz de vij.
estrelins, viij. aes, la piece à   xij. florins.

Le single Souuerain d'or, pesant iij. estrelins, xi. aes, iij. quart, à   vi. florins.

Le demy Souuerain d'or pesant i.estrelin,xxvi.aes à   iii.flor.

Le double tiers dudict Souuerain pesant ij.estrelins, viii.aes, i.quart, à iiij.florins.

Les doubles Ducatz à noz coingz pesans iiii. estrelins, xviii.aes,i.quart, vij.flor.xviii.pat.

Le single Ducat aux mesmes coingz à l'aduenant.

Le double tiers desdicts doubles Ducatz pesant iii.estrelins,xi.aes, iii. quart,
v.flor.v.pat.

Le single tiers desdicts doubles Ducatz,pesant i.estrelin,xxix.aes,   ii.flor.
xiiz.pat.

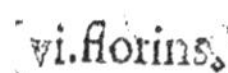

Le Real d'or pesant iii. estrelins,xv.aes,i.quart,à   vi.florins.

Le Carolus d'or pesant i. estrelin, xxix. aes escars,   xxxviiiz. pat.

Les Escuz d'or ayans cy deuãt esté forgez pardeça, pesans ii. estrelins, viiz. aes
escars,   iii. flor. xiiz. pat.

Item les aultres escuz forgez depuis à nez coingz & armes pesans ij. estrelins, viiz. aes escars,   iii.flor.xii.pat.

Le florin S. André forgé pardeça doiz l'an 1567. pesant ii. estrelins, liiiz. aes
trebuchant,   ii.flor.xviii.pat.

B

Le Florin Philippus pesant ii. estrelin, v. aes trebuchant,   F. H. flor. ix 2. pa

Le grand Real d'Austrice pesant ix. estrelins, xxii. aes, i. quart, à   xvi. flor.
xvz. pat.

Le Schutquin pesant ii. estrelins, vi. aes, trebuchant,   iii. flor. xiiz. pa

Le Thoyson d'or pesant ii.estrelins,xxx.aes,d   v.flor.iz.pa̅r.

Le Ryder de Bourgoine pesant ii.estrelins,ix.aes,   iii.flor.xix.pa̅r

Le Lion d'or pesant ii.estrelins,xxii.aes,iii.quart.   iiii.flor.x.pa̅r

Le Philippus Clincquart pesant ii. estrelins, iiii. aes escart
ii. flor. iz. pat.

Le Pieter de Louuain de mesme poidz que ledict Clincquart
ii. flor xii. pat.

Le Florin Guillelmus pesant ii. estrelins, vij. aes trebuchant
ii. flor. x viiiz. pat.

Le Noble de Flandres pesant iiii. estrelins, xiiii. aes, i. quaert
vii. flor. viiz. pat.

Les doubles Ducatz d'Espaigne à deux testes, du mesme poidz que ceulx
de noz coingz cy dessus,   vii.flor.xviii.pat.

Les singles des mesmes à l'aduenant

Les quadruples à l'aduenant.

Les Escuz pistoletz d'Espaigne pesans ii.estrelins,vii.aes trebuchans
iii.flor.xi.pat.

Les doubles & aultres de quatre à l'aduenant

Les Escuz de France pesant ii.estrelins,vii.aes trebuchans
iii.flor.xiiz.pat.

Les Escuz de France,   iii. flor. xiiz pat.

Le grand Crusart de Portugal, pesant xxii estrelins, xxviiz. aes,
xxxix. flor. xi. pat.

Le Millerez de Portugal pesant v. estrelins piece,   viii. flor

Le demy Millerez à l'aduenant.

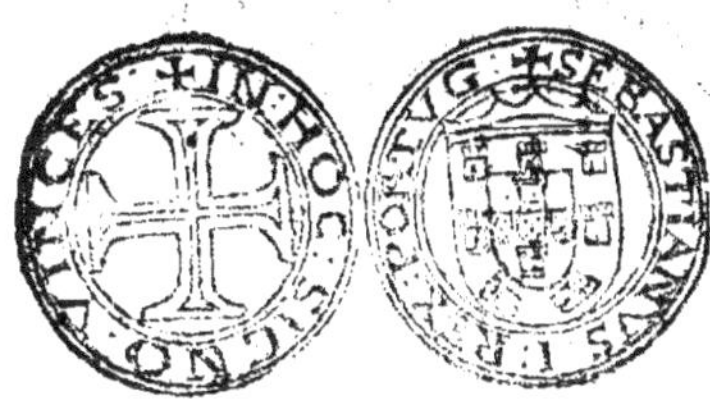

Les deux cincquiefme dudict Millerez,
pefant ii. eftrelins piece,   iii. flor. iiii. pat.

Les doubles & quadruples
l'aduenant.

Efcuz de Portugal à la courte croix,
pefans ij. eftrelins,   ix. aes trebuchant,   iij. flor. xiiiiz. pat.

Les aultres à la longue croix de
mefme poidz, iii. flor. xiii. pat.

Nobles à la Rofe d'Angleterre du vieu coing, pefans v. eftrelins piece
viii. flor. xiii. pat.

Le Noble Henricus pesant iiii. estrelins, xiiiiz. aes,   vij. flor. xiij. pat.

Angelotz d'Angleterre, pesans iii. estrelins, x. & ij tiers d'aes, piece à v. flor.
     xv. pat.

Les Ducatz d'Allemaigne, d'Hongrie, Boheme & aultres forgez sur le mes-
     me pied, pesans ij. estrelins, viiiz. aes,   iii. flor xviii. pat.

Les Ducatz d'Allemaigne, d'Hongrie, Boheme & aultres forgez sur le mesme pied, pesans ij. estrelins, vinz. aes,   iii. flor. xviii. pat.

Boheme, iii. flor. xviii. pat.

Poloigne, iii. flor. xviii. pat.

Les doubles à l'aduenant.

Les doubles des mesmes à l'aduenant.

Les Escuz d'Italie, pesans ij.estrelins, vij.aes trebuchant,   iii flot. ixz. pat.

Luca.

Venize.

Les Escuz d'Italie, pesans ij. estrelins, vii. aes trebuchant,   iii. flor. ixz. par.
Milan.   Sauoye.

Genua.   Lombardie.

Les doubles & quadruples à l'aduenant.
Les florins d'or d'Allemaigne des Princes Electeurs, pesans ij. estrelins,
iiiz. aes trebuchant,   ii. flor. xviz. pat.
Tirole.

Brandenbourch.

Les florins d'or d'Allemaigne des Princes Electeurs, pesans ij. estrelins,
iiz. aes trebuchant,
                          ii. flor. xviz. pat.

Brandenbourch.

Cologne.

Mayence.

Saxe.

Coloigne.

Les florins d'or d'Allemaigne des Princes Electeurs , pesans ij. estrelins
iiiz. aes trebuchant.   ij.flor. xviz. pat.

Palatin.   ## Francfort.

Luneburg.

Ausburg.

Tirole.   ## Nurenburg.

Les vieux Rydres de Gueldres pesans ij. estrelins, iiiz. aes escars, & les florins
de Campen, Deuenter & Swol du vieux coing,   ij.flor.ij.pat.

L'Escu Ferdinandus forgé aux nom, tiltre, & armes du Prince Electeur de
Coloigne, Euesque & Prince de Liege, &c. pesant ii. estrelins, vi. aes, & vn
thiers trebuchant, à   iii. flor. ix. pat.

Les Florins d'or Ferdinandus forgez comme dessus, pesans ii. estrelins, iiiz. aes
trebuchant, à   ii. flor. xvii. pat.

Monnoyes d'argent.

LE Souuerain d'argent qui presentement se forge à noz coingz & armes
pesant xviii. estrelins, xii. aes escars,   ii. flor. viii. pat.

Le demy dudict Souuerain à l'aduenant.

Le quart dudict Souuerain à l'aduenant.

Les pieces de six pattars, trois pattars, pattars, demy pattars, & liarts, de bas alloy, qui se forgent presentement en noz monnoyes, à leur pris ordinaire.
Pieces de six pattars.

Pieces de trois pattars.

Pieces d'vn pattar.

Pieces d'vn demy pattar.

Pieces d'vn liart.

Les pieces de trois Reaulx de noz coingz, peſans vi. eſtrelins piece au reme-
de de trois aes,   xv. pat.

Les ſingles Reaulx de meſme coing & poidz à l'aduenant.

Le demy & quart dudict Real de bas alloy à l'aduenant.

Le double florin forgé à noz coingz & armes, pesant xvii. estrelin. xxixz. aes
au remede de six aes sur piece, à   ii. flor. i. pat.

Le single florin de mesme alloy & poidz à l'aduenant.   xxz. pat.

Le Philippe Daldre pesant xxii. estrelins, xiii. aes piece, au remede de viii. aes, à   ii. flor. xii. pat.

Le demy Philippe Daldre pesant xi. estrelins, viz. aes, au remede de iiii. aes sur piece,   i. flor. vi. pat.   Le v. part, x. pat.

Et quant aux v. x. xx. & xl. dudict Philippe Daldre demeureront à leur pris ordinaire.

Comme auſſi feront les demy, iiij. viij. & xvi du ſuſdict Florin.
Le demy florin,   x. pat.   Le quart dudict florin,   v. pat.

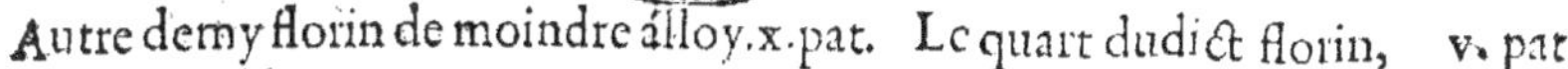

Autre demy florin de moindre alloy. x. pat. Le quart dudict florin,   v. pat.

Le huictieſme dudict florin, iiz. pat.   Le ſeiſieſme, i. pat. i. liart.

Le florin Carolus peſant xiiii. eſtrelins, xxx. aes trebuchant, au remede de
vi. aes ſur piece,   xxxiiiiz. pat.

Les vielles pieces de six groz forgées pardeça doiz l'an 1 5 2 0. pesans
ij. estrelins piece,   v. pat.

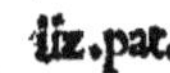

Les vieulx trois groz forgez pardeça au mesme temps.   iiz. pat.

Et les pieces de deux groz pareillement forgées pardeça tant parauant ledict an 1510.que par apres estans de belle mise,   iz.pat.

Les demies à l'aduenant.

Item les pieces de quatre, deux & vn pattars forgées pardeça aux coingz &
armes de feu sa Maiesté demeureront à leur pris ordinaire.

E

Le Reaulx d'Efpaigne de huit pefans xvii. eftrelins, xxv. aes au remede de vi.
aes fur piece,   ii. flor. vi. pat.

Et ceulx le quatre & de deux à l'aduenant.
Reaulx d'Efpaigne de quatre,   i. flor. iii. pat.

Bien entendu, que ceulx forgez en Mexico auec la croix fleuronnée de mefme poidz, ne fe pourront mettre n'y recouoir ceulx de huict, que pour
ij.flor.v.pat.

Et ceulx de quatre & deux des mefmes coingz à l'aduenant.

Et quant aux fingles & demy Reaulx d'Efpaigne, la plufpart fort vfez, iceulx
demeureront auffi à leur vieu pris, comme auffi feront ceulx de quatre &
de deux Reaulx, qui ne fe trouueront du poidz fufdict.

Singles Reaulx,   v.pat.   Le demy,   iiz.pat.

Les Daldres Ferdinandus forgez au nom, tiltre & armes du Prince Electeur
de Coloigne, Euesque & Prince de Liege, &c. l'vn auec l'effigie d'icelluy,
& l'aultre auec vn lyon combattant, & les armoiries de Bauiere d'vn co-
sté, & celles de Bouillon desaultres costez, pesans xi. estrelins, iiiz. aes
trebuchant, à   i. flor. v. pat.

Les D aldres des Eſtatz forgez es années 157-. & 1578. peſans xx eſtrelis
piece, au remede de ſix aes,   ij. flor.iz. pat.

Et les demy à l'aduenant.

LE tout au remede quant auſdiĉtes pieces d'argĕt, cō-
me diĉt eſt, & de deux aes ſur celles d'or, en la meſme forme & maniere qu'eſt porté par noſdiĉts placcartz & ordonnances precedentes & aux meſmes condi-
tions.

Demeurans au ſurplus toutes aultres eſpeces de monnoyes tant d'or, que d'argent n'eſtans ſpecifiées cy deſſus
declairées billons & non mettables, ſinō es mains de noz
maiſtres des monnoyes & changeurs iurez, leſquelz ſeront tenuz d'en donner aux bonnes gens la iuſte valeur
ſuyuant la liſte, que leur en ſera del urée de noſtre part,
ſoubz la ſignature des maiſtres generaulx de noſdiĉtes
monnoyes: le tout aux paines, mulĉtes & amédes ſtatuées
par noſdiĉtes ordonnances precedentes, leſquelles nous
voulōs demeurer en leur plaine force & vigueur, comme
ſi elles fuſſent icy particulierement repetees. Ordonnant
                                                        à tous

à tous noz officiers , magiſtratz & aultres , auſquelz incumbe d'y auoir eſgard, de les faire eſtroictement obſeruer & punir les tranſgreſſeurs par l'execution des paines y appoſées . A peine, que ſi l'on trouue cy apres y auoir eſté faite quelque côtrauention, ou bien que publicquement l'on miſt, preſenta ou receut quelques vnes des eſpeces ſuſdictes, aultremēt que dict eſt, ſans en eſtre faicte la punition, que l'on s'en prendra à leurs perſonnes , & que à ceſt effect ſeront enuoyez Commiſſaires à leur charge & deſpens, pour en informer , & faire deuement obſeruer noz ordonnances.

Et à fin que de ceſte preſente perſonne ne puiſſe pretendre ignorance , Nous voulons & ordonnons qu'elle ſoit imprimée , tant en François, que en Thiois , auec les figures des ſuſdictes eſpeces, & monnoyes d'or & d'argent, qui auront cours & pourront eſtre miſes & receues; & qu'incontinent & ſans delay, vous faictes publier ceſte noſtredicte ordonnance par toutes les villes & lieux de noſtre pays & Conté d'Arthois, où l'on eſt accouſtumé faire criz & publications, & à l'entretenement & obſeruation d'icelle procedez, & faites proceder contre les tranſgreſſeurs & deſobeyſſans par l'execution des peines & amendes deſſus mentionnées. De ce faire & qu'en depend, vous donnons plain pouoir, authorité & mandement eſpecial, mandons & commandons à tous

que

que à vous le faifant, ilz obeyſſent & entendent diligem-
ment. Car ainſi nous plaiſt il. Donné en noſtre ville de
Bruxelles, ſoubz noſtre contreſeel cy mis en placcart le
dernier iour de Mars, l'an de grace mil ſix cens dixſept.
Ma.V¹

Par les Archiducqz en leur Conſeil.

Signé   *Verreycken.*

Et eſt ladicte ordonnance ſeellée du contreſeel de leurs
Altezes en forme de placcart.

*Semblables Placcarts ont eſté deſpechez en langue Françoiſe
pour Luxembourg, Haynnau, Namur, Lille, Douay & Orchies
Tournay & Tourneſiz, Valençiennes, & Cambray, & en
langue Tioiſe, pour Brabant, Lembourg, Geldres, Flandres,
& Malines.*